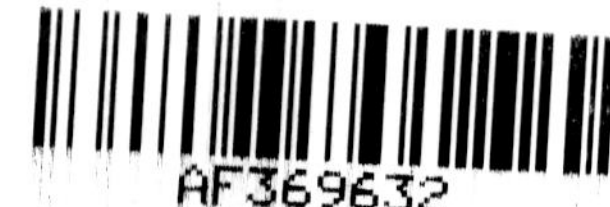
AF369632